# J'AIME AIDER LES AUTRES

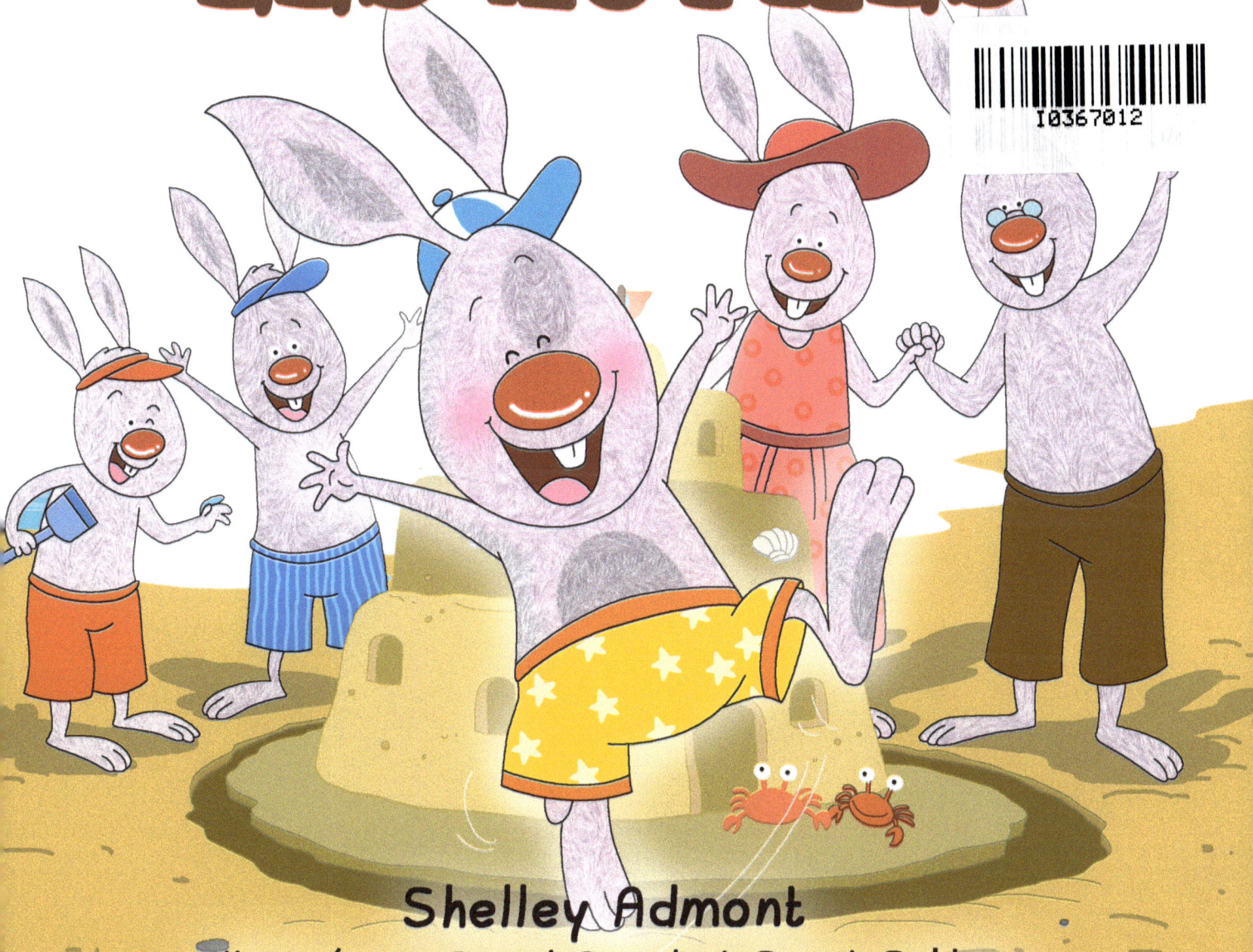

Shelley Admont
Illustré par Sonal Goyal et Sumit Sakhuja

www.kidkiddos.com
Copyright©2016 by S.A.Publishing ©2017 by KidKiddos Books Ltd.
support@kidkiddos.com

All rights reserved. No part of this book may be reproduced in any form or by any electronic or mechanical means, including information storage and retrieval systems, without written permission from the publisher or author, except in the case of a reviewer, who may quote brief passages embodied in critical articles or in a review.
Tous droits réservés. Aucune reproduction de cet ouvrage, même partielle, quelque soit le procédé, impression, photocopie, microfilm ou autre, n'est autorisée sans la permission écrite de l'éditeur.
Second edition, 2019

Tranlsated from English by Sophie Troff
*Traduit de l'anglais par Sophie Troff*

**Library and Archives Canada Cataloguing in Publication**
I Love to Help (French Edition)/ Shelley Admont
ISBN: 978-1-5259-1779-0 paperback
ISBN: 978-1-77268-811-5 hardcover
ISBN: 978-1-77268-809-2 eBook

*Pour ceux que j'aime le plus-S.A.*

Jimmy bondissait autour de la voiture, tout excité.

– On va à la plage ! criait-il joyeusement. On va à la plage !

Papa a ouvert le coffre de la voiture en riant.
– C'est vrai, a-t-il dit, c'est une belle journée ensoleillée et on doit se dépêcher de partir.

– Pourquoi tu ne nous aiderais pas à porter les affaires dont on a besoin à la voiture ? Suis l'exemple de tes frères.

Jimmy a arrêté de bondir dans tous les sens et il a regardé vers la porte de leur maison.

Les deux frères de Jimmy aidaient à porter les affaires dans la voiture.

Son frère aîné avait un seau rose garni de pelles à la main, et son frère cadet portait le panier du pique-nique.

– Viens, Jimmy ! l'a appelé maman du seuil de la maison. Tu peux porter le sac de serviettes ou le siège de plage. Ils ne sont pas très lourds.

– Non, merci ! a-t-il répondu en grimaçant. Je suis trop occupé à faire des BONDS !

La forêt où ils vivaient n'était pas très loin de la plage et Jimmy s'est trémoussé d'excitation sur son siège pendant tout le trajet.

Quand il a vu le sable doré et l'eau bleue scintillante de la mer, il a commencé à sauter sur la banquette.

– Voilà, nous y sommes, a dit papa. Sortons profiter de cette belle journée !

Jimmy est descendu de la voiture.
– C'est incroyable, s'est-il exclamé en courant vers la mer.

– Attends ! a crié maman derrière lui. Tu dois nous aider à sortir les affaires de la voiture.

Jimmy s'est retourné, en faisant un signe de la main à toute la famille.
– Non, merci ! a-t-il dit. Il faut que je construise un CHÂTEAU DE SABLE GÉANT !

*Il a couru jusqu'à un endroit idéal sur la plage, juste à côté de la mer, et s'est mis à ramasser du sable dans ses mains.*

*Jimmy s'amusait tellement qu'il n'a pas remarqué que tous les membres de sa famille étaient occupés à transporter les affaires de la voiture jusqu'à la plage.*

*Pendant ce temps, le château de sable montait de plus en plus haut.*

*Jimmy utilisait le seau pour ériger des tours, construire des murailles de sable pour les relier, et il avait même commencé à creuser des douves à l'extérieur pour protéger le château.*

*– Mon château va être si beau qu'un roi et une reine vont vouloir venir l'habiter ! a dit Jimmy, imaginant des chevaliers et des serviteurs minuscules qui s'affairaient à l'intérieur.*

Pendant que Jimmy construisait son château, ses grands frères ramassaient les plus gros coquillages qu'ils pouvaient trouver.

Papa est parti se baigner dans la mer et observer les poissons avec son masque et maman s'est allongée sur une serviette de plage un peu plus haut.

Jimmy était tellement concentré sur son château qu'il n'a pas vraiment porté attention à ce que faisaient les autres membres de sa famille jusqu'à ce que...

– Attention ! Jimmy a entendu son père crier.

Il a levé les yeux, juste à temps pour voir une immense vague déferler vers lui !

– Oh, non ! a hurlé Jimmy au moment où la vague s'écrasait sur lui. Quand la mer s'est retirée, Jimmy gisait sur le dos et essayait de reprendre son souffle.

– Beurk ! Jimmy a recraché l'eau salée et a retiré des algues enroulées autour de ses oreilles.

Puis il a levé la tête pour voir ce qui était arrivé à son château.

– Nooon ! s'est-il écrié. Ses murailles et ses douves ne l'avaient pas protégé du tout. Il était complètement effondré !

Jimmy a senti des larmes brûlantes rouler sur ses joues tandis qu'il contemplait le château en ruines.

Maman s'est agenouillée à côté de lui et lui a fait un câlin. Ses frères et ses parents avaient cessé leurs occupations pour venir le consoler.

– Je suis désolé pour ton château, a dit papa.

– Ouais, il avait l'air vraiment cool, a dit son frère aîné.

– Et immense, a ajouté son frère cadet.

– Ne t'inquiète pas, Jimmy. Nous allons t'aider à en reconstruire un autre, a souri maman.

– Vraiment ? a demandé Jimmy.

– Oui ! se sont-ils esclaffés et tous ensemble, ils ont entrepris de bâtir un nouveau château de sable.

Quelque chose avait changé. Jimmy a réalisé qu'avec l'aide de sa famille, le château était encore plus grand et plus beau qu'avant.

Quand le château a été terminé, c'était le plus beau château de sable que Jimmy ait vu de sa vie !

– Regarde ! a dit son frère aîné en montrant du doigt deux crabes qui s'étaient installés à l'intérieur du château. Il y a même un roi et une reine !

– C'est le plus beau château de sable de ma vie ! a dit Jimmy en bondissant tout autour.

*Quand l'heure de partir est arrivée, toute la famille a commencé à transporter les affaires dans la voiture.*

*Jimmy a souri.*
*– Je peux vous aider ? a-t-il demandé.*

*Il a apporté les serviettes jusqu'à la voiture, puis il s'est précipité pour aider à transporter le seau et les pelles.*

*– Bravo, on a tout rangé en un rien de temps, a dit papa, en jetant un regard à la plage vide.*

Même quand ils sont arrivés à la maison, Jimmy a continué d'aider en portant les chaises de plage dans la maison.

– Je veux vous aider autant que possible, a-t-il dit à maman. C'est mieux quand on s'aide les uns les autres.

– La voiture est déchargée maintenant, mais il reste encore quelque chose, a souri maman.

Elle a tendu la main vers la boîte à gants et a sorti un paquet de biscuits.

– Je pense qu'il faut que quelqu'un aide à finir ces biscuits avant qu'ils ne soient rassis.

– Moi, s'il te plaît ! Je peux aider, a rigolé Jimmy.

www.ingramcontent.com/pod-product-compliance
Lightning Source LLC
Chambersburg PA
CBHW061144070526
44584CB00033B/4413